すべてがうまくいく

上気元の魔法

斎藤一人

ロング新書

はじめに

人は、誰でも幸せになれるのに、本当に小さなことで、大きな幸せが手に入るのに知らない人が多い。

はじめの一歩はとても簡単で、誰にでもできるのに、やらない人がたくさんいる。

いつも人生の分かれ道に立ったとき、この方法でのりこえられる。

あなたも幸せになれる。

あなたのまわりの人も幸せになれる。

そんな夢のような方法が、この本の中に書いてある。
幸せになりたかったら、ただ、この本を読んで下さい。
そして、この音声を聞いて下さい。
それ以外、何もする必要は、ありません。
あとは、ただあなたに起きる幸せの魔法を楽しんで下さい。

斎藤一人

一、一人さんは自分のことを、「一人さん」と言います。
ただの口ぐせだから、気にしないでください。

二、私は「上機嫌」を「上気元」と書きます。
この方が、上気元らしいので、この本ではすべて、上気元
という字で書かせていただきます。

目次

編集協力／妻木陽子

「上気元でいる人」に、奇跡が起きる

「一人さんは、生涯納税額が日本一になるとか、ヒット商品を立て続けに出すとか、いままで奇跡的なことを起こしてきましたよね。

それって、どうしてできたんですか？」

人からよく聞かれます。

私自身も「なんだろう？」ってふりかえったときに、「こ

のことにつきるんじゃないかな……」と思いあたること
が、ひとつありました。
それは、いつも「上気元でいること」です。
人の機嫌には「上気元」と、「中機嫌」と、「不機嫌」が
あります。
いつも不機嫌な人には、不機嫌な出来事がしょっちゅう
起こります。
「中機嫌」っていうのは、機嫌がいいときもあれば、悪い
ときもある人。
そう、普通の人ですね。

普通の人には、普通のことが起こります。

普通にしていて「なんかいいことありませんか？」って言う人がいますが、普通の人には普通のことしか起きませんよ（笑）。

いつも「上気元」でいる人にだけ、奇跡が起こるのです。

「上気元」にしている人って、目立つんです。

いま、世間では、不機嫌や中機嫌の人がほとんどです。

その中でいつも「上気元」でいると、その人が光り輝いて見えるんです。

「上気元の人」は、世間から見ていても光っているけど、天から見ていても光って見えます。

運のいい人になるには、神さまから「マル（〇）」をもらわなくてはなりません。

神さまがマルをくれるのは、「上気元」の人だけです。

神さまからマルをもらおうと思ったら、毎日どのくらい「上気元」でいられるかどうか。

それにかかっているんです。

一人さんはいつも機嫌がいい

「一人さんって、いつも機嫌がいいですよね」ってよく言われます。

私、いつも機嫌がいいんです。

それで、いつも幸せなんです。

これは、私が自分の〝意思〟で、幸せの方へ幸せの方へと、いつも気持ちを向けているからです。

「一人さんって、イヤなことはないんですか？」って聞かれることもあります。

イヤなことなんて、山ほどあります（笑）。

会社の社長をやっていると、どこかの支店でもめごとがあると、全部、私のところに持ちこまれます。

そのもめごとを、かたっぱしからやっつけていく（笑）。

なにか問題が起こったら、楽しみながら解決していくんです。

私は、イヤなことを、イヤなことだと感じません。

「いい修行になったな」

「これで、またひとつ魂が上に行けた」と思うんです。
何が起きても、幸せの方向に持っていく。
これが一人さんの〝意思〟です。
そう、幸せになるには〝意思〟が必要なんです。
不幸とは〝感情のままに生きる〟ということです。
感情に流されて生きると不幸になります。
よく、「私は不幸なことばっかり考えちゃう……」って言う人がいます。
そういう人は、感情に流されているんです。
何も考えてないから不幸になるんです。

人は放っておくと「不安」を感じるようにできている

これから衝撃的なことを話しますよ。

実は、人間っていうのは、放っておくと「不安なこと」を考えるようにできているんです。

例えば、これから冬がくるとしますよね。

そうすると昔の人は、「着るものがないと凍えちゃうな……」とか、「食べるものを蓄えておかないと大変だ……」

とか、急いで準備をしました。

機織《はたお》りをしたり、洋服を縫ったり、野菜を干したり、保存食を作ったりして、冬に備えたんです。

そうやって忙しく動いているうちに、「寒くなったらどうしよう……」という不安は消えていきます。

そう、忙しく動くうちに、心にある「不安」というのは消えるようになっているんです。

昔は、生きていくには、やることが山ほどあったんです。

ところがいまはどうでしょう。

冬がきたところで、スーパーに行けば、いろんな食品が山ほど売っていますよね。

洋服は「しまむら」なんかに行けば、安くて、いいものがたくさん売っている。

なんの準備もいりません。

この「なんにもしなくていい」というヒマな状態が、人をますます不安にさせるのです。

自分の〝意思〟で
いくらでも幸せの方に心を向けられる

人は放っておくと、自分にとって「最悪な状況」を考えるようになっています。

自分の身を守る防衛本能として「不安」がわきあがってくるようになっているんです。

不安に行きそうな気持ちを、幸せのほうへ向けるには〝意思〟がいるんです。

何が起こっても、幸せなことを考えるように〝意思〟でもっていくんです。

「何かいいことがあったから幸せ」なのではありません。毎日の生活の中での小さなこと、みんなが「あたりまえ」と思って見逃してしまいそうになることこそ、幸せを感じていると、「上気元」になれるんです。

幸せなことって、どんな状況でも、必ずあるんですよ。

たとえば、「今日もごはんが食べられて幸せだな」とか、「朝、目が覚めて幸せだな」とか。

「なんで、目が覚めただけで幸せなんですか？」って思う人もいるかもしれません。

だって、眠ったまま、目が覚めなかった人って、いっぱいいるんですよね。

眠ったまま死んじゃってる人もいるんですよね。

そう考えていくと、「目が覚めたら、幸せ」なんです。

そうやって、いろんなことを「幸せだ、幸せだ」って気づける人は、明日もたくさんの幸せに気づけるんです。

なぜかって言うと、幸せとは〝意思〟なんです。

自分で方向づけることができる。

自分の意思でいくらでも、幸せの方へ心を向けられるんですよ。

おいしくても上気元、まずくても上気元

レストランに入って料理を頼むとします。

料理がおいしかったら、もちろん、「上気元」になりますよね。

でも、私は、たとえ運ばれてきた料理がまずくったって、上気元なんです。

料理がまずいくらいで、機嫌を崩しちゃいけないの（笑）。

そんなことで、私は不機嫌にはならないんです。

いま日本中から「一人さんに逢いたい！」って言う人がきてくれるんだけど、一人さんの機嫌が昨日は悪かったり、今日は良かったり、コロコロ変わっていたら、周りにいる人が大変なんです。

周りにいる人が、機嫌をうかがうようになる。

周りの人に、そんな思いをさせちゃいけないんです。

でも、いままで一人さんと逢って、機嫌が悪いのを見た人っていないと思います。

この前、私のお弟子さんの真由美ちゃん（宮本真由美さん）は、こんなことを言っていました。

「私は一人さんのお弟子さんになって二〇年経つけれど、一人さんが機嫌が悪いところを一回も見たことがないの。一人さんの機嫌をとったこともないの。私たちのことを楽しませてくれることはあるけれど……（笑）」

真由美ちゃんの言うとおり、本当に、一人さんはいつも「上気元」なんです。

だから、いつでも、どこに行っても、みんなが逢いにきてくれる。

これは私が何年も前から「どんなことがあっても、上気元でいる」という修行をしているからなんです。

この「上気元の修行」をやると、すごく楽しいの。

最高のボランティアとは、「上気元」でいること

この前、「僕、東北のほうにボランティアに行きたいんです」って言う人がいました。

そう言ってる人の顔を見たら、すっごく不機嫌そう（笑）。
そんな顔で行っても、人の気持ちを明るくできません。
それなら、ボランティアなんて、行かないほうがいい。
不機嫌な人が行っても、周りの人が暗くなるだけなんですよ、ホントに（笑）。
この世の中の最高のボランティアとは「上気元でいること」なんです。
機嫌の悪い人がいると、周りが気を使います。
人に機嫌をとらせちゃダメなんです。

自分の機嫌は、自分でとるんです。

自分の機嫌くらい、自分でとって生きていくんです。

あと、もし周りに機嫌が悪い人がいたら、機嫌をとっちゃ絶対ダメですよ。

人の機嫌をとらないで、自分の機嫌をとるんです。

その人は、その人の都合で、勝手に機嫌を悪くしているんです。

機嫌を悪くするのは「悪《ワル》」なんです。

いつだって、機嫌のいい人が、リーダーシップをとっていくんです。

「悪」に引きずられてはいけません。
どんなに機嫌が悪い人がいても、それはそれで放っておきましょう。
あなたの都合でニコニコしていましょう。

「天気がいいかどうか」を決めるのは自分

晴れていて、すがすがしい日だと「今日はいい天気ですね」って言うけれど、快晴の日だけが「いい天気」じゃないんです。

もし曇りだったとしても、「今日は曇っていてちょうどいいな」って思ったら、それは自分にとって「いい天気」なんですよ。

曇りだろうが、雨だろうが、いい天気かどうかを決めるのは自分なんです。

だからどんな状態でも「いい天気ですね」って言える気持ちがあれば、その人にとったら、すべての日が「いい天気」になるんです。

お日様がカンカン照りの日だって「今日は日が照ってて

いいね」とか、小雨がシトシト降っている日は、「ちょうどいいおしめりだね」とか「雨の日もいいもんだね」とか。

何かをいいか悪いかにとらえるから、いい日と悪い日が生まれるんです。

「快晴の日」は、一年のうちで、わずかしかありません。

でも、どんな天気の日でも、自分が「いい天気だ」と感じられたら……。

あなたにとって、三六五日、すべての日が「いい天気」になるのです。

「最高です！」と言っていると「上気元」になれる

てっとり早く「上気元」になりたかったら、言うといい言葉があります。

「最高ですね！」

たとえば、「日本って最高だよ！」「オレの仕事は最高だよ！」「うちの社長って最高ですよ！」。

これだけで不思議と「上気元」になれるんです。

これを「言霊《ことだま》の魔法」と言うんです。

口に出すことで、気持ちは、言葉にひっぱられます。

だから、幸せになりたかったら、何もしないで待ってちゃダメです。

「言霊の魔法」をバンバン使って、幸せの方向にもっていくんです。

「最高ですね！」とか、「幸せだね」とか、「おいしいね」とか、「楽しいね」とか、気持ちが明るくなることを積極的に言うんです。

そうやって、自分に起こることすべてを〝意思〟で幸せの方向にもっていく。

〝意思〟とは、人間が幸せになるための「舵《かじ》」なんです。

オレたちには、生まれながらに舵がついているんです。

この与えられた舵をめいっぱい使ってこそ、幸せになれるのです。

感情のままに生きていたら、心配や不安など、不幸なことばかり考えるようになります。

「感情で生きるのが人間らしい」とか言うけれど、サルでも犬でも感情のままに生きてるの（笑）。

人間だけなんですよ、「意思」があるのって。

「言霊の魔法」で
毎日、「最高のごはん」を食べられる

ごはんを食べるときに黙って食べたら「ただのごはん」だけど、「おいしいね」って言って食べたら「おいしいごはん」になるんです。

「おいしい」って言葉に出すと、本当においしい味に思えてくる。

これも「言霊の魔法」です。

たとえばコロッケを食べるときに、黙って食べてると、「ただのコロッケ」なんですよ。

「これは最高のコロッケですね！」って言って食べると、「最高のコロッケ」の味がするんですよ。

「今日のカレー最高だね」って言って食べてると、三〇〇円のカレーだって「最高のカレー」になるし、「ここの牛丼は最高だね」って言って食べると、二八〇円の牛丼だって「最高の牛丼」になるんですよ。

だから最高の食事なんて、わけないの。

「今日のごはん、最高だね」って言えばいいの。

言っていると、本当に「最高においしい味」になる。

人間の脳はそういうふうにできているんです。

一人さんは「言霊の魔法」で、毎日、最高のご飯を食べているんです。

それを「こんなつまんないもの食って」とか「今日はこんなものしかなくて……」とか言うから、言ったとおりになるんです。

中華丼も、「中華丼なんか……」って言っちゃダメなんですよ。

中華丼は野菜もお肉もご飯もひと皿に入っていて、あんなにおいしくてオトクな料理はありません。

だから一人さんは中華丼を「単品満漢全席」って呼んでるんです（笑）。

ちなみに吉野家の牛丼は、「料亭吉野の牛丼」って呼ぶの（笑）。

そうすると高級感がぐっと増すでしょ（笑）。

こうやって勝手に名前をつけて、楽しくすることが大事ですね。

「おいしいね、おいしいね」「最高ですね！」って言いながら食べていると、本当に「おいしい！」とか「最高だ！」

っていう気持ちが満ちてくるんです。

常に「最高のごはん」を食べて、「上気元」でいてくださいね。

「このおみおつけ、おいしいね」「おばあちゃんが作ったものって、最高だね」って言って食べてると、一緒に食べてる人にも、その気持ちが連鎖するんです。

不機嫌に玄米菜食するなら何でも感謝して食べて「上気元」がいい

「体のために、玄米菜食してるんです」って言う人がいます。

その人が、楽しく玄米菜食しているなら、いいんです。

でも、あんまり楽しくなさそうな顔で、玄米をモソモソ食べている人がいる。

スーパーに買い物に行っても、棚に並んでいるもののラベルをかたっぱしから見て、「これは添加物が入ってる」とか、「これは農薬が何回かかってる」とか、不機嫌そうな顔で買い物をしています。

そのうち人にまで、「こんなに体に悪いもの食べるのやめなさい」とか、「玄米が一番いいから食べなさい」とか言う人がいる。

それって、楽しい食事でしょうか?

私は、自分の体のことを考えていますが、いまは玄米は食べていません。

いつも白米を、おいしくいただいています。

そして、お肉も、おいしくいただいています。

野菜も、おいしくいただいています。

パンも、お菓子も、おいしくいただいています。

何でもおいしく「ありがたいな」っていただいて、それで、いつも「上気元」なんです。

玄米菜食についていて、あれこれ言うつもりはありません。

でも、不機嫌に玄米菜食をするのなら、なんでも感謝していただいて、「上気元」でいる方がいい。

私はそう思っているんです。

幸せは誰かと分けるものではない
幸せとは、「自分の心で感じるもの」

私には姉さんがいるんだけど（『こんな簡単なことで最高の幸せがやってくる』の著者・ＫＫロングセラーズ刊）、その姉さんがね、この前まで不幸だったんです。

どうしてかというと、私が「姉さん、幸せになんなよ」って言うと、姉さんはすぐ「私はいいから、おまえ幸せになんな」って言っていたんです。

「私はいいから、みんなが幸せになってね」って。

「私はいいから」——。

この考え方がおかしいの。

幸せって、人と分けるものじゃないんですよ。

まんじゅうを人と分けるのと訳が違うんだよ（笑）。

幸せとは、その人が自分で気づくもの。

幸せとは、その人が自分で感じるもの。

だから、その人が「幸せになろう」と思ったら、いくらでも自分で感じることができるんですよ。

あとね、「こんなに幸せになっていいのかしら……」とか、「幸せになると、次は不幸がくるようで恐い」って言う人もいます。

幸せの次には、幸せがくるんです。

普通は「あざなえる縄のごとし」って言って、幸せの後は不幸せがきて、不幸せの後は幸せがくるって言われています。

なぜ、そうなるのでしょうか？

それって、「私は幸せになったから、次は不幸の番ですね……」って、待ってるからなんですよ。

その人が待っているから、予想通り、不幸を呼び寄せるんです。

幸せなことがあった後も、「今日もいい日だなあ」とか、「今日も最高だね」とか、ずっと「上気元」にしていたら、ますます幸せがやってくるんです。

幸せというのは、「上気元」にしているかぎり、立て続けにやってくる。

この「上気元の奇跡」に気づいた人は、いくらでも幸せがやってくるんです。

豊かな感性を持つとどんな状況になっても楽しい

普段の生活の中でも、豊かな感性を持つと、いくらでも幸せって見つけられるんです。

「朝、目が覚めて幸せ」だとか、「朝ごはんが食べられて幸せ」だとか。

「道端に咲いてるタンポポがきれいだな」とか、「散歩の途中、あさがおが咲いててキレイだな」とか。

豊かな感性を持つと、毎日が本当に楽しいんです。

こういう話をしていると、中には「一人さんは大金持ちになったから、幸せな出来事が多いんですよ」って言う人がいます。

それは違いますよ。

一人さんは、お金のないときから幸せだったんです。

幸せとは、どんな状況でも、どんなことが起きても、「自分が幸せだと思っているかどうか」なんです。

私はたとえ病気をしていても幸せなんです。

前に、病院に入院していたことがあるんだけど、一人さんの病室だけ看護婦さんがいつもいっぱい集まってきていたんです。
「一人さんの話を聞きたい」って、みんな仕事を抜けてきちゃうんです。
私はいつも看護婦さんに囲まれて、まるでハーレムのようでした（笑）。
そのとき、一人さんは、看護婦さんのことを看護婦さんだって、思わなかった……。
「女の子がコスプレして、逢いにきてくれたんだ」って思っていたの（笑）。

そうやって考えてると楽しくて、入院していても、ずっと「上気元」でいられたんです（笑）。

人間って、どう考えてもいいから、自分の機嫌を「上気元」にもっていくんです。

自分の機嫌を、自分でとっていくの。

これができないと、周りが迷惑するんだよ。

自分で自分をほめると
いくらでも「上気元」でいられる

一人さんは、「いばっている人」が大キライです。

どのくらいキライかというと、ゴキブリよりもキライ（笑）。

だから、お弟子さんたちにも、いつも言っています。

「絶対にいばるなよ」

「自分より弱い立場の人にいばるって、最低なんだよ」って。

いばる人って、「不機嫌」なんです。

いつもイライラしていて、自分の心が満たされていないんです。

自分のことを「価値ある人間だ」と思うことを「自己重要感」って言います。

いばってる人は「自己重要感」が足りないの。

だから、自分よりも弱い人にいばることで、その人からエネルギーを奪って、自己重要感をうめようとする。

そういう「エネルギーの横取り」って、絶対にいけないんだよ。

自分の中のエネルギーが足りなくなったら、自分で自分をほめればいいの。

特別なことをしなくても、その日、自分がやったことを何でもいいからほめればいいんです。

「今日も、子どもに笑顔で接して、えらかったね」とか。

「満員電車にゆられて会社に行って、えらかったね」とか。

そうやって、自分で自分をほめていると、だんだん自己重要感が満たされてくるんです。

それで、ずっと「上気元」でいられるんです。

楽しいから、笑顔になるんじゃない　楽しくなりたいから、笑顔にするんです

人間の心は、ヒマになると「不安なこと」を考えるようにできています。

やることがいっぱいあった昔に比べて、いまは「ヒマな時間」がいっぱいあります。

そういうときのために、神は、ものすごくいいものを私たちの体に備えてくれました。

心配や不安が沸き出てきたときに、それを制御する能力を備えてくれているんです。

それは「ほほえむこと」。

いつも顔が笑顔でいることなんです。

口角を上げて、にこっとする。

ちょっと目じりが下がって、顔に「マル（◯）」ができたようになる。

そうやって笑顔にすると、心がほっとゆるむんです。

ニコニコしているうちに、だんだん幸せな気持ちになって、不安や心配がなくなるようになっているんです。

だから、不安や心配になりそうになったら、とにかくほほえめばいいの。
ニコニコしているうちに、不安や心配は消えていきます。
不安や心配になったら、ためしに笑顔にしてみてください。
「私は不幸だ、不幸だ……」って言ってる人は、ほほえみが足りないんです。
いいですか？
楽しいから笑うんじゃないんですよ。
笑うから、人は楽しくなるんだよ。

笑いながら、悲しいことって考えられないんですよ。
笑顔になるから、楽しいことを考え出すんです。

「あくび」をすれば、神経がゆるむ

病気をする人って、心配性で用心深いんです。
それの度がはずれてくると、神経に硬直ができます。
その神経の硬直も、ほほえむと消えるんです。
ほほえんでも消えないほど重いしこりのある人は、あくびをすると消えるようになってるんです。

あくびって、「あくびをしよう」と思って、わざと大きく口を開けてると出るんです。

あくびをすれば、内臓がゆるむようにできているんです。はりつめていた神経が、全体的にゆるむ。

だから、人は笑顔にして、あくびをしていれば、体の緊張がなくなってラクになるんです。

それで、愛のある「天国言葉」をしゃべれば、幸せになるようにできているんです。

「天国言葉」というのは、

愛してます
ついてる
うれしい
楽しい
感謝してます
幸せ
ありがとう
ゆるします
人に言っても、聞いても、気持ちが明るくなる言葉。
これを、私は「天国言葉」と呼んでいるんです。

笑顔にして、それでも気持ちがほぐれないならあくびをして、天国言葉を話す。

これは幸せになるための「舵《かじ》」なんです。

神さまは、私たちに、幸せになるための「舵」をちゃんと用意してくれているんです。

幸せの方へ、人生を走らせていくためのハンドルもあるんです。

不幸の方へ行かないようにする、ブレーキもあるんです。

それをもらっているのに、利用していないから、不幸になってしまうんです。

「礼儀正しい人」で、幸せにならない人はいない

笑顔にすることと、天国言葉を話すことと、もうひとつ大切なのは「礼儀」。

人間っていうのは、「礼儀の生き物」なんです。

「おはようございます」とか「いつも、ありがとうございます」とか、人に会ったら声をかけるの。

不幸な人って、礼儀が足りないんです。

礼儀って、挨拶することだけじゃないですよ。

みんなが楽しんでいるような席にきて、自分がイヤなことがあったからって、ブスッとしていたり、人にあたったりしたら、「礼儀違反」なんですよ。

礼儀違反の人って、「あなた幸せですか?」って聞いてみると、絶対に不幸せです。

この世っていうのは、「笑顔」で「礼儀正しい人」は、幸せになっちゃうような法則があるんですよ。

昔、オードリー・ヘップバーンが演じた『マイ　フェアレディ』っていう映画がありました。

きれいな言葉や礼儀を知らなかったスラム街の女性が、礼儀を覚えて、きれいな言葉を話して、ほほえみを絶やさないようにしていたら……。

どんどん幸せになって、奇跡のような出来事が起こった……という話です。

この映画が、何を言いたいかわかりますか？

「礼儀とほほえみを絶やさない人は、幸せになる」

この世には、そういう法則があるということです。

神がそういうふうに作ってあるんです。

だから、幸せになりたかったら、その法則を犯しちゃいけないの。

いつも自分が「幸せだな」とか「ありがたいな」とか、機嫌よくしていて、ほほえみがあって、礼儀を重んじている人は、幸せになっちゃうんです。

「礼儀やほほえみを絶やさない人は、幸せになる」という法則があるんだから、その法則どおりにやれば、誰でも奇跡は起こせるんですよ。

その法則と逆のことをやると、どんなことをしていても不幸になっちゃいます。

心配そうな顔、おっかない顔、人をにらみつけるような態度とか、人を不愉快にさせるような態度を取りながら、幸せになることってできないんですよ。

礼儀やほほえみを、やりなれていない人は、最初はぎこちないかもしれません。

でも、練習すれば、必ずよくなります。

これはダンスと同じなんです。

ダンスは、いくらステップを覚えても、踊ろうとすると最初はぎこちないものです。

でも、だんだん慣れてくると自然と優雅に踊れます。

それと同じように、礼儀やほほえみも、最初はぎこちなくてもいいんです。
慣れてくると、さらっとできるようになるんです。

「自分の礼儀」を人に強要したとたん礼儀ではなくなる

礼儀は大事だけど、「自分の礼儀」を人に強要してはダメなんです。

どういうことかというと、たとえば「私は、年賀状を書くのが好き」って言う人がいます。

「年賀状を書くのが好き」っていうのは、「自分の趣味」なんだよね。

だから、年賀状を楽しく書いていればいいんです。

でも、人から返事がこなかったときに、「あの人はなんで返事をよこさないのかしら？」って言ったときに、礼儀じゃなくなっちゃうんです。

「自分の礼儀」というのは、自分がやるべきものなの。

年賀状を書いてる人は、自分が書きたいんだよな。

だから「これは私の趣味ですから」って言って書いていればいいんです。

それを「なんであの人、年賀状出してもよこさないのかしら?」って言ったら、それって礼儀じゃなくて「いやみ」なんですよ。

そう言ったとたんに、自分の気持ちが、もう幸せじゃなくなるの。

人のことをあれこれ言ったとたんに「上気元」では、いられなくなるんです。

ちなみに一人さんは、生まれてこのかた、年賀状は一度も書いたこと、ありません(笑)。

礼儀で大切なのは
葬式で「バカ笑い」をしないこと

もうひとつ礼儀で大切なことを言います。

いくら楽しいことがあっても、お葬式に行ったらバカ笑いしちゃいけないんです。

「なあんだ……」と思うでしょう。

でも「葬式で笑うこと」と同じようなことをしている人が、けっこういるものです。

たとえば、うちの姉さんが「一人さんファンの店」というのをやっています。

私のファンの人が集まって、楽しく話をしたり、私の話のテープを聴いたりする場所です。

ところがそこにきて、グチや泣きごとを言っている人がいる。

みんながテープを聴いて勉強している横で、みんなに聞いてもらおうと思って、ずっとグチや泣きごとを言っているんです。

私のテープを聴いたり、本を読もうっていう人は、「自分が幸せになろう」とか「人を幸せにしよう」っていう人なんです。

そういう目的があって、勉強しにきているんですよね。

それをいつまでも「自分が幸せにしてもらおう」という受身でいるから、グチや泣きごとを言ってしまうんです。

そういう人に、「いまグチ言ったよね」って言うと、たいてい「僕、そんなつもりで言ったんじゃないです」って言います。

あなたがどんなつもりで言ったかどうかは知りません。

でも人が「グチ」だと聞こえたら、十分グチなんです。

人生って、そういうものなんです。

「朝、イヤなことがあったから、それをそのまま話しただけなんです。なんでホントのことを言ったらいけないんですか?」って言う人がいます。

じゃあ、ブスな人を見たら、「あんたブスだね」って、言うんだ?

ハゲている人を見たら、「あんたハゲてるね」って、言うんだ?

「なんでも正直に言うのが、私の個性なんです」って言う人がいます。

個性っていうのは、神がつけてくれた、その人の特徴です。

個性だって言うけど、個性を生かせる人は、人に嫌われることを言わない人です。

人に嫌われることを言う人は「我」が強いんです。

私も個性的に生きていますが、別に人に嫌われません。

人に嫌われるようなことは言わないからです。

人に嫌われるようなことを言う人って、必ず「場違いなこと」を言ったり、やったりするんです。

葬式で笑えば嫌われます。

みんな悲しんでいるんだから。

それは少し極端ですが、そういう人は、葬式で笑っているのと同じくらい失礼なことを、あっちこっちでしてるんですよ。

自分のことばっかりで、周りの人の気持ち、心に、気が回らないんです。

それは「礼儀違反」なんです。

それと同じように、イヤなことがあったからといって、みんなが楽しくしている場所で、イヤなことを話すのは

「礼儀違反」なんです。

グチや泣きごとを聞いてもらって、その結果、何かいいことがあるのでしょうか？

幸せな人や人生がうまくいっている人は、あなたからどんどん遠ざかっていくだけです。

そして、あなたの人生は、さらに最悪な方向に向かっていくだけ。

イヤなことがあっても、それをそのまま話してはいけないのです。

人に話すなら、笑い話にでも変えて話してください。

「今日はおもしろいことがあったよ」と言って、笑い飛ばすぐらいのユーモアセンスを持ってください。

持っている者には、さらに与えられて持っていない人は、持っているものまでも奪われる

宝くじの当選者を調べてみると、お金のない人が当たっています。

これはなぜかというと、お金を持ってる人で宝くじを買う人が、あまりいないからです。

でも、もし日本国民全員が、宝くじを買うようになったら、どうでしょう？

お金のない人と、お金持ちの人と、どちらが当たる確率が高いでしょうか？

答えは……「お金持ちの人」。

お金持ちのほうが、当たる確率が高いのです。

なぜかというと……、これって「波動」なんです。

お金持ちの人はたいてい、「自分はツイてる」と思っています。

「ツイてる」と思っている人は、ツキを引き寄せるんです。

だから宝くじみたいな、誰にでもチャンスがあるものでも、お金持ちの人と、お金のない人が同じ条件で買ったら、お金持ちの人のほうが当たる確率が高いんです。

キリストの言葉で

「持っている者には、さらに与えられて

持っていない人は、持っているものまでも奪われる」

という言葉があります。

「この言葉の意味はなんですか?」っていうと、「幸せなことを考えている人には、さらに幸せが与えられて、不幸なことを考えている人は、ささいな幸せすら奪われる」ということなんです。

「オレ、最高に幸せなんだよ」って言ってる人間には、幸せがやってくるんです。

だから、「幸せな気持ちを持っている者には、さらに幸せが与えられる」なんです。

極端に言えば、お金のある人のほうが、さらにお金持ちになるようになっているんです。

よく「金は天下の回りもの」って言います。

確かにお金は回ってるけど、「不幸だ、不幸だ……」って言ってる人のところにはこないんです。

お金持ちになる人は、お金持ちになる波動が出ているんです。

幸せになる人は、幸せの波動が出ているんです。

どんなささいなことも幸せだと思って感謝して、「今日、最高ですね」って言ってると、最高の幸せがまた次にくるんですよ。

またそれに対して、「幸せだ、幸せだ」って言えばいいんです。

そうすると際限なく幸せがくるようになっているんです。

そうやって自分で自分を幸せにすることを「自発的幸

せ」と言うんです。

「ダイヤモンド」と「コップ一杯の水」あなたはどちらが大切ですか？

ここでちょっと質問です。
「ダイヤモンド」と「コップ一杯の水」、あなたはどちらが大切だと思いますか？
「コップ一杯の水」と答えたあなた。
なぜ、「コップ一杯の水」の方が大切だと思うのでしょうか？

「もし砂漠に行ったら、ダイヤモンドがあっても、水がなきゃ死んじゃうかもしれないから……」と思っているでしょう。

その考え方なんです、不幸になっちゃうのは……。

日本に砂漠はありません。

せいぜい鳥取の砂丘くらいです（笑）。

でも、鳥取の砂丘にはお土産屋さんがいっぱいあって、水に困るようなことは絶対にありません。

もしサハラ砂漠に行くことになったとしても、砂漠の真ん中に、オレたちが行くことなんかないんです。

せいぜい砂漠のはじっこで、写真でも撮って帰ってくるのがオチでしょう（笑）。

砂漠がない日本で、なぜ砂漠のことを考えるのでしょう。日本っていう国は、水は山ほどあるんです。

もし自分の水がなくなったとしても、誰かの家に行って、「すいません、水一杯いただけませんか？」って言えば、まちがいなくもらえるでしょう。

なぜ、最悪のことを考えるのでしょう。

わかりますか？

「ありえないことを想像する」

それが不幸の元なんです。

「ダイヤモンド」と答えた人は、不幸な想定をせずに、素直に答えた人です。

余計な心配をせずに、常に「幸せなこと」を考えている人は、幸せになれるんです。

ありもしないことを想像するのはやめましょう。

不幸っていうのは、考えれば、考えるほど、どんなことでも想定できるんです。

健康のありがたみ、親の七光りのありがたみ持っている人は、それが、なかなかわからない

いまの自分の状況や、いま自分に起こること、何でも「幸せ、幸せ」って言っていれば、「最高に幸せ」になるんです。

それをやり続けている人間には、次から次へと幸せがきちゃうんです。

でも不幸な人は、「こんなに幸せでいいのかしら……」

とか、いまある幸せすら喜べないんです。

たとえば健康な人は、健康のありがたみが、なかなかわかりません。

だから病気になって初めて「健康のありがたみがわかった……」としみじみ言うんです。

親がお金持ちだったり、有名だったりする人は、「親の七光りはイヤだ」って言います。

「親の七光り」でも「八光り」でもいいんです。

自分がいま持っているものを「幸せだ、幸せだ」と言って、感謝する。

そうすると、さらなる幸せが必ずくるんです。

「親の七光り」も利用できない人が一番困るんですよ。

日本に生まれただけで幸せなんです。

日本って、ホームレスの人でも太っているくらい、豊かな国なんです。

これがどっかの将軍様の国に生まれていたら、大変ですよ。

まずは、いまの状況の中から、幸せを探すことです。

そうすると、次から次へと、幸せは波動によって連鎖するんです。

だから「幸せな人間」は、次も幸せを呼び寄せて、さらに幸せを呼び寄せる。

幸せがあるのに、「不幸だ、不幸だ……」って言ってると、ろくでもないことを引き寄せるんです。

不幸せは、不幸せしか、招かないんです。

「不幸な人」は、普段やっていることを何かひとつでもやめればいい

「不幸な人」は、普段やっていることを、何かひとつでも

やめればいいんです。

般若心経では「この世のすべてのものには、構成要素がある」と言っています。

そのとおりで、不幸な人がいまの状態になっているからには、不幸の構成要素が必ずあるんです。

「不幸な人」は、不幸な構成要素をひとつでも変えればいいんです。

たとえば「缶コーヒー」は、缶と水とコーヒー豆と、砂糖とミルクでできていますよね。

でも、缶コーヒーから、缶を取ったら、缶コーヒーじゃありません（笑）。

ただのコーヒーになりますね。

常に暗いことを考え、暗い発言をしているから、「僕、いま不幸なんです……」っていう状態になっているんです。

だから、いま自分を不幸にしていることを、何かひとつでもやめればいい。

不幸なことを考えそうになったら、なんでもいいから笑えることを考えるようにするとか。

不幸なことを言いそうになったら、ぐっとこらえて「天国言葉」を言うようにするとか。

不幸の構成要素を、ひとつでも減らすんです。

それをやらないで、「僕、ずっと不幸なんです……」って言っていても、何も変わりません。

人は、あなたを幸せにしてくれないの。

幸せになりたかったら、自分がやっていることを変えるしかないんです。

不機嫌な人は心の中に「あせり」がある

しょっちゅう不機嫌でいて、それが度を超えると「心の病気」として現れることがあります。

いま、心の病気になる人が増えています。

うつとか、ノイローゼとか、ひきこもりとか。

そういう人って、何が原因で不機嫌になって、病気になるのでしょうか？

それは……、「常に心があせっていること」。

うつになる人でも、ノイローゼになる人でも、何かに追い立てられているように、常にあせっている。

そういう人は、知らないうちに、人と何かを常に比べて、心の中で自信をなくしているんです。

小さいころ、親や先生に何か言われたとか……、同僚と常に比べられることが強い職場にいたとか……、そういうことがあったのかもしれません。

競争していても、いつも勝てればいいんです。

ところが、常に勝つことって難しいんです。

だから、ますますあせってしまう。
常にあせっていると、体が酸欠になります。
それが脳にダメージを与えるんです。
どういうことかというと、あせると人間はストレスで、呼吸が浅くなるんです。
呼吸が浅くなると、脳に酸素が行かないので、脳細胞が死滅してしまいます。
体は大切な脳細胞を死滅させないために、末梢血管をしめる。
そうすると、血液が手足の先まで行かないで、脳に行くようになる。
そうやって、体は脳を守ろうとするんですね。
そうなると、手足がものすごく冷たくなるんです。

あせりそうになったら「ゆっくり、ゆっくり、お先にどうぞ」

ここんとこ、忠夫ちゃん（お弟子さんの遠藤忠夫さん）が、「手足が冷たい、冷たい」って言うの。

忠夫ちゃんは、住んでいる福井県から、ずっと車を運転して東京までくるんです。

「運転の途中で休憩したかい？」って聞いたら、一回も休憩しなかったんだって。

そうやって、追い立てられるような気持ちで何時間も運転していると、ずっと前かがみでいるってことだよね。

そうなると呼吸が浅くなって、酸欠になるよね。

脳が酸欠になると、脳に血を送ろうとして、手足に血液が行かなくなって、手足が冷たくなっちゃう。

忠夫ちゃんは、誰からも「早くきなさい！」なんて、言われていないんですよ。

でも、勝手に自分であせってる。

あせる必要なんか、ないんです。

でも、あせっている人に「落ち着きなさい」って言っても、なかなか落ち着けません。

自分で意識して、動作をゆっくりにするしかないんです。

たとえば歩くとき、わざと、ゆっくりゆっくり歩くようにする。

それで背筋を伸ばすと、酸素がいっぱい吸える。

仕事中にトイレに行くときも、家でコタツから出るときも、ゆっくりゆっくり歩くようにする。

自分があせりそうになったら、こう言うの。

「ゆっくり、ゆっくり、お先にどうぞ」って。

そうすると、気持ちに余裕ができて、ゆっくり行動できるから。

このことをやるとやらないでは、いくら体にいい食べ物を摂っても、サプリメントを摂っても、ぜんぜん効きめが違うと思うんです。

「あせり」っていうのは、体の免疫力を下げるんです。

あせっていると自律神経の「交感神経」ばかりが過剰になります。

人間の体っていうのは、「交感神経」と「副交感神経」のバランスでできています。

「交感神経」というのは戦闘態勢になるから、神経をしめるんです。

「副交感神経」は、神経をゆるめるんです。

ところがいまの人は、神経が常に高ぶっているので、みんな交感神経のほうが過剰になっています。

だから心がけて、ゆるめないといけないんです。

ゆっくりゆっくり歩く。

大きく深呼吸する。

それだけで、神経がずいぶんゆるまるんです。

それに、どうせあせって何かやったとしても、いいものはできません。

リラックスした気分でやったときに、いいアイデアもバンバン出て、いいものができるんです。

いいですか？

「上気元」でいたかったら、わざと動作を、ちょっとゆっくりするんですよ。

あなたにとって、気持ちが落ち着くスピードがあるんです。

あせりそうになったら、「ゆっくり、ゆっくり、お先にどうぞ」。
これが「上気元」でいるための魔法の言葉なんです。

歳をとることで不機嫌になるのなら自分で年齢を決めて「上気元」でいる

人間って、「上気元」で生きていると、一年がすぐ過ぎちゃいます。
毎日が楽しくて、一年が感覚的に「半年ぐらいで過ぎちゃったな」と思ったときは、半年分しか歳をとらないんです。

その逆に、不機嫌でいると、時間が長いんです。

そうすると、一年でもガクンと歳をとっちゃう。

白髪なんかも、シワなんかも、あっというまに増えちゃうんです。

いろんな人から、「一人さんの髪って真っ黒ですね」「白髪がぜんぜんありませんね」って驚かれるんですけれど、それってめずらしいことだそうですね。

私は毎日、楽しく生きています。

今日が何曜日だとか、自分の誕生日も忘れちゃうくらい、毎日楽しく生きています。

そうすると……、一年が三カ月くらいで過ぎちゃう感覚なんです。

だから一年で三カ月分くらいしか、歳をとらないんだと思います。

あと、年齢に関して言うと、自分で自分の年齢を決めているの（笑）。

どういうことかと言うと……、「自分の年齢を勝手に決める会」というのをやっていて、自分の歳を自分で決めてるんです（笑）。
私は昔から「二七歳」が好きなの（笑）。
なぜかと言うと、三〇歳になると、分別があるようなことを言わなきゃいけないから。
あれがイヤなんです（笑）。
分別がないのが好きなの（笑）。
だから、いまも私は二七歳です。
みなさんもね、自分の歳って、自分で決めていいんですよ。
「私は一八歳」とか、「私は二五歳」とか。

特に女の人は、歳をとることを気にしますよね。「もう三十路になっちゃった……」とか、「来年は、もう五〇歳だなあ……」とか。

ためいきまじりに年齢のことを考えて、不機嫌になるくらいなら、自分で自分の年齢を決めればいいんです。

二七歳って決めたら、今年も、来年も、早来年も二七歳。

死ぬまで二七歳なんです（笑）。

それって、最高でしょう？

誰かに「いくつですか？」って聞かれても、答えちゃダメですよ（笑）。

「私、二七歳で決めてます」って、それで通すんですよ（笑）。

その方がよっぽど、「上気元」で楽しく生きられるよね。

「上気元」でいるためなら、何をどう考えてもいいんです。

自分を不機嫌にする物事を、どうやったら楽しく乗り越えられるか工夫していく。

それが「上気元の修行」なんです。

「死ぬとき」は、苦しくない

人を不安にさせるものに、「死」があります。
人は死ぬのが恐い。
死ぬときが恐い。
だから、いろいろ心配するんですよね。
「死にたくないな……」とか、「苦しかったらイヤだな……」とか。

だけど、死ぬときって、苦しくないんですよ。

車かなんかにバンっとぶつかって、「う〜」って苦しんでる人がいるとしますよね。

そういう人にケガが治ってから、「ぶつかったとき、どうでした?」って聞いても、ぜんぜん覚えていないんです。

そのとき、いくら苦しんでいたって、当人は覚えていない。

意識がない。

死ぬときも、意識がありません。

苦しくないんですよ。

以前『タイタニック』っていう映画ありましたよね。
船がバンとぶつかって、だんだん沈没していく話です。
あれ、はたで見てるから恐いんですよ。
沈んでいくほうは、船がグラングランと揺れていて、何も考えられない。
何も考えないまま、意識がなくなるんです。
だから人間っていうのは、死ぬときは何も考えられないの。
そのまま死んじゃうようになってるんですよ。
死ぬときは事故だろうが、病気だろうが、恐くないんですよ。

「死の恐怖」というのは、実は「想像の産物」なんです。

「どんなに苦しいだろう……」と考えるから不安になるけれど、実際は苦しくありません。

だから安心してくださいね。

「上気元の人」は不況に関係なくどこからも必要とされる

いま、世の中が不況です。

「就職口がなかなかなくて、大変なんです」って言うけれど、どこの会社も不況に関係なく、いつも優秀な人材をほしがっています。

優秀な人材というのは「上気元な人」のこと。

ちょっとぐらい大変なことがあっても、いつもニコニコして、楽しそうに働いて、「ここで働けて幸せです！」「うちの会社って最高です！」って言ってる人は、ひっぱりだこなんです。

バブルのときは、とにかく人材がほしかったから、「不機嫌な人」でも就職することができました。

でも、いまみたいに、採用される人数がしぼられてきたら、「上気元な人」じゃないと採用されません。

働き出してからも、ずっと「上気元」でいられる人じゃないと、つとまらないんです。

会社の面接のときだけ、いくら「上気元」を気取っていても、いざ働き出したときに、みんなに不機嫌な態度をとっていると、まっさきにリストラの対象になります。

これは、いい傾向なんです。

不機嫌な人が、簡単に受かっちゃいけない時代なんです。

仕事がほしければ、とびきり「上気元」でいる。

そうすれば、必ずいい就職先が見つかります。

たとえ、就職先が見つからなくても、周りの人があなたを見ています。

「○○さんっていう人、すごく感じがいいよ」「そういう人にうちにきてもらいたいよね」と、人づてに働き口を紹介してもらえるかもしれません。

「上気元」でいると、あなたを押し上げてくれる人が、必ず出てきます。

どんなに不況になっても、「上気元」でいるかぎり、難しいことは何もないのです。

「実力はあるけど不機嫌な人」と「上気元の人」では「上気元の人」のほうが出世する

世の中には、「惜しい人」というのがいます。
どういうことかと言うと、仕事の実力があるのに、「不機嫌な人」がいるのです。
そういう人は、仕事をものすごくがんばります。
なんでも完璧にやろうとするんです。
がんばって、がんばって、一部の隙も与えないように仕上げるのですが、不機嫌な顔のままで作業をしています。

そういう人が仕事をしているときの顔をのぞくと、眉間にはシワがよっていて、口がへの字に曲がっています。

笑顔もなく、神経質そうな感じです。

かたや「上気元な人」は、いつもニコニコ、楽しそうに仕事をしています。

「上気元な人」は、そんなに根をつめて仕事をしているように見えません。

でも、周りの人から好かれて、どんどん出世していきます。

不機嫌な人は、これがおもしろくありません。だから不機嫌な人は、ますます仕事をがんばろうとするのですが、がんばっても、がんばっても、不機嫌なままでは「上気元な人」に勝てないのです。

これはなぜでしょうか？

出世というのは、「人に押し上げられること」です。「上気元の人」は、いつもニコニコ、楽しそうに仕事をして、自分の仕事が終わったら、周りの人を手伝ってあげます。

同僚の心を明るくするような言葉を話して、自分にいいアイデアが出たら、惜しみなく周りの人に教えてあげる。そうやって仕事をしていると、みんなから喜ばれたり、感謝されるんです。

何か新しい仕事があって、「この担当者は、だれがいいですか?」ってなったときに、「ぜひ○○さんにお願いしたい」って、みんながその人を押し上げてくれるんです。

出世とは、こうやってみんなに押し上げられていくこと。「上気元」でいると、みんながあなたの味方になってくれるんです。

実務的な能力が高くても、不機嫌な態度をとっている人は、周りじゅうが敵だらけです。

たとえ一時的に出世できたとしても、周りじゅうから嫌われていたら、それって本当の成功と言えるのでしょうか？

もし、何か仕事でつまずいたとき、その人を助けてくれる人はいるのでしょうか？

不機嫌な人はどんなにがんばっても、「上気元の人」には勝てないのです。

子どもをたたいてしまうのは
その前からイライラしているから

いまより戦時中とか、戦前のほうが、みんな大変だったんですよね。

だけど、昔のほうが、みんな明るかった。

これは、やることがいっぱいあったから。

ヒマがなかったんです。

ヒマだと不安を感じるように、人間はできているんです。

昔は朝起きると、ごはんは薪で炊かなきゃなんない、洗濯は手でしなきゃいけない、子どもがオムツを汚したら、すぐ取り替えてやんなきゃいけないって、大変だったんですよ。

大変でも、実際にやることが多いと、人の脳は、どんなに不安や心配があっても、いつのまにか消えていくようになっているんです。

ところがいまはどうでしょう？

ご飯は炊飯器が炊いてくれて、洗濯は洗濯機がやってくれて、性能がいい紙オムツがあるから、ちょっとぐらいオムツが汚れていても大丈夫です。

そうすると、時間ができるのです。

要するに、ヒマができるんですよ。

ヒマができると、「このままの生活でいいのかしら？」とか、「この子は本当に育てられるかしら？」とか、余計なことを考えだすようにできているんです。

いま時代がこんなに豊かになったからには〝感情〟ではもう生きられないんです。

「自分の気持ちを幸せのほうに向ける」という〝意思〟がないと、生きられないんです。

自分を安心させるワザを知らないとダメなんですよ。それを知らないから、理由もなく、常にイライラしてるんです。

子育て中のお母さんも、自分がイライラしてるから、子どもが泣くと、すぐはたいちゃったりする。

子どもって、泣くものですよ。

キューピー人形じゃないんだから、何かにつけて泣きますよ（笑）。

そのたびにぶんなぐっていたら、どうしようもないんです。

子どもが泣くからイライラするんじゃなくて、その前から、親自身がイライラしてるんです。

「イライラしてる最大の理由はなんですか？」って言ったとき、ヒマなんです。

ヒマになると、自分の中にわきあがってくる不安や心配が制御できなくて、イライラしちゃうんです。

感情に流されて生きていると、そういうことになるんです。

キライな人に会って不機嫌になるのなら会わないで「上気元」でいたほうがいい

人間を不機嫌にさせるものに、二つのことがあります。

ひとつは「会いたい人に会えないこと」。

もうひとつは、「会いたくない人に、会わなくてはいけないこと」。

この二つのことが、あなたをめちゃめちゃ不機嫌にさせます。

「会いたい人に会えない」って言う方は、なんとかなるんです。

その人と会っているところを想像するんです。

そうすると、とたんに「上気元」になれますから（笑）。

その人と会っているところをずっと想像しながら、楽しく生活するんです。

ちなみに、自分を「上気元」にするためには、何を想像してもいいんですよ。

自分に都合がいいことを、いくらでも考えていいんですよ（笑）。

だから、好きな人と会えないときは、心の中でいくらでもデートしてください（笑）。

夢の中でも、デートしてください（笑）。

ところが「会いたくない人に会わなくてはいけない」というのは、どうにもこうにも苦しいものです。

「会いたくない人って、どういう人ですか？」っていうと、ウマがあわない人。

その人のことを想像しただけで、とたんに不機嫌になるような人っていますよね（笑）。

そういう人とは、会わなければいいんです。

イヤな人と会って、不機嫌になるくらいなら、会わないで「上気元」でいた方がいいんです。

こういうふうに言うと、「それがお姑さんの場合は、どうしたらいいんですか?」「それが兄弟の場合は、どうしたらいいんですか?」って聞く人がいます。

お姑さんでも、兄弟でも、不機嫌になるなら、会わなければいいんです。

相性の合わない人と無理に会うことで、相手のことも不機嫌にするんです。

たとえば「夫の実家に帰ると、お姑さんが私にいやみを言うんです」っていう場合、お姑さんは何であなたにいやみを言うのでしょうか？

答えは簡単です。

息子には帰ってきてもらいたいけれど、嫁にはきてもらいたくない。

そういうお姑さんの気持ちを察してあげてくださいね（笑）。

これはお姑さんを「上気元」のままにしておく、思いやりでもあるんです。

だから、ご主人だけを里帰りさせて、自分は行かなければばいいんです。

もちろん、不機嫌にならない範囲の人であれば、会えばいいんですよ。

でも、不機嫌になるくらいイヤな人なら、会わなければいいんです。

イヤな人間と無理に付き合って、苦しい思いをしながら、幸せにはなれません。

不機嫌になる人とは会わないで、その分、自分が「上気元」になる人に会ったり、「上気元」になることをやっていればいいんです。

そうしていると不思議なもので、久しぶりに会ったときには不機嫌にならず、仲良くしていられます。

不幸な人は周りに不幸を伝染させてしまう

自分が「不幸だ」と思っている人は、人を幸せにはできません。

自分が「心配性な人」は、その心配を伝染させることしかできません。

だから、人を幸せにしたければ、まず自分が幸せになること。

心配や不安が湧き上がってきたら、それを自分で制御できるようになることです。

私がみなさんに、幸せになる方法をお話できるのも、私自身がいつも幸せだからです。

不況になろうと何になろうと、世間の状況に関係なく、私はいつも明るく生きているのです。

幸せは伝染しますが、不幸も伝染します。

家族の中で、「不幸だ、不幸だ……」と言っている人が一人でもいると、みんなに伝染してしまいます。
私は「人が幸せになるのは、権利じゃなくて、義務だ」と言っています。
なぜなら、あなた一人が幸せになると、あなたの周りの人も幸せになれるからです。
「家族の中で、私ひとりが幸せになっていいのかしら」と言う人がいます。
何度も言いますが、そういう人は、幸せをモノと勘違いしてるんです。
誰かがひとりじめしちゃったら、他の人の分はなくなっちゃうと思っているんです。

幸せって、心の問題なんです。

誰かがどれだけ幸せになっても、絶対になくならないんです。

この前、私が「オレは日本で一番幸せだ」って言っていたら、お弟子さんたちが「私の方が幸せ」「ううん、私の方が幸せ」って、言い合っていましたが、それでいいんです。

「日本で一番幸せ！」と思ってる人が、一〇〇人いたって一〇〇〇人いたっていいんです。

幸せじゃないと、周りに不幸を伝染させてしまいます。
不幸な人は、不幸そうな顔をしているんです。
不幸なことを言うんです。
それは周りを、絶対に不愉快にさせているんです。
そして徐々に不幸を伝染させてしまいます。
自分が幸せでいることって、周りの人のためにも大事なんです。

「誰かを助けたい！」と思ったときに困っている状態から抜けられる

不幸な人が、「誰かに助けてもらいたい」という気持ちでずっといても、助かることはありません。

その人が、「困っている人を助けたい！」と思ったときに、困っている状態から抜けられるようになっているんです。

昔、お釈迦さまが、これから托鉢《たくはつ》に出かけようとするお坊さんに、こんなことを言いました。

「貧しい人のところをまわりなさい」

托鉢は、修行しながらごはんやお金をもらいに行くことですから、お金持ちのところに行ったほうが、たくさんもらえるんです。

でも、お釈迦さまは「貧しい人のところをまわりなさい」と言った。

それで、そのお坊さんは、インドのスラムのような人のところをまわって歩きました。

そうすると、自分たちもろくに食べられないような人が、ちょっとずつ、ご飯を恵んでくれるんです。

一人がスプーン一杯分ぐらい。

それで、何カ所もまわると、やっとおちゃわん一杯分のごはんになる。

お金持ちの家に行けば、一カ所でおちゃわん一杯分のごはんをもらえるでしょう。

でも、お釈迦さまは「貧しい人のところをまわりなさい」って言ったのです。

「それはなんでですか？」ってお坊さんが聞いたときに、お釈迦さまはこう答えたそうです。

「貧しい人は、もらうことばっかり考える。

それでは何も変わらない。

人は、人に恵むようになったときに、初めて救われる」

貧しさに苦しんでいる人でも、スプーン一杯でも人に恵むようになったとき、その人の運勢が変わるんです。

だからお釈迦さまが「托鉢で貧しい人のところをまわりなさい」って言ったのは、貧しい人の運勢が、人に恵み出したときに変わるということなのです。

いま困っている人ほど、人を助けることを考えてはどうでしょう。

そのとき、あなたの運勢が変わって、いまの状況から抜け出すことができるのです。

待っていても
ミッキーマウスはやってこない

うちの会社（銀座まるかん）は定期的にパーティをやっています。

毎週、日本のどこかでパーティをやっているんです。

こんなに頻繁にパーティをやるのは、みんなで楽しくなりたいから。

「楽しいこと」っていうのは、何かの行動を自発的にしないかぎり起きないんです。

不幸せな人は、誰かが楽しくしてくれるのを待っているんです。

「待ってたら、誰かが幸せにしてくれるんですか?」って、待ってても何も起こりません。

待っててくるのは税務署くらい(笑)。

サラリーマンだったら税務署もこないでしょう。

不幸な気持ちのまま待っていて、せいぜいくるのは病気とか、トラブルとか……。いいことはやってきません。楽しい気分になりたかったら、自分から行かなきゃいけない。

誰かがやってきて、あなたを楽しませてくれることはないんです。

待っていたって、ディズニーランドがきてくれることもない（笑）。

ミッキーマウスが、あなたの家にくることもないの（笑）。

ミッキーマウスに会いたかったら、ディズニーランドに出かけていくしかないんです（笑）。

もっと幸せになりたかったら、ミッキーマウスのぬいぐるみでも着て、老人ホームをまわるとか、養護施設で子どもたちを喜ばせるとか。

自分が自発的に人を喜ばせるようにならないかぎり、幸せってこないんですよ。

「だれかに幸せにしてもらおう」

そんなことはできないんですよ。

人は、自発的になったときに、何もかもが楽しくなるようにできているんです。

仕事だって、自発的にやるようになったとき、ものすごく楽しくなります。

同じ作業でも「やらされている」と思ったとたん、奴隷になるのです。

「オレがやるからには、最高に楽しい仕事にする」

そう思ってやりはじめると、仕事に行くのが楽しくてたまらなくなるんです。

どんなに周りが不機嫌でも自分ひとりでも「上気元」でいる

どんなに周りが不機嫌でいても、自分一人でも「上気元」でいるんです。

会社の中で、みんながグチや泣きごとを言ってるときも、自分一人でも笑顔にしているんです。

それをやり続けたときに、とんでもない奇跡が起こるんです。

「みんながグチ言ってるから、自分も言おう」

それでは、奇跡は起きませんよ。

「私は上気元でいるのに、周りの人はみんな不機嫌なんです。もう、イヤになっちゃう……」って言う人がいます。

周りが不機嫌だと、なぜ自分も「上気元」になれないのでしょうか？

だったら学校に行っていたときに、自分だけ一〇〇点取って、ほかの人が点が悪かったら、イヤな気分になりましたか？

イヤな気分になんて、なりませんよね？

周りの人に「こんなにいい点とっちゃった！」って自慢してましたよね？
自分が正しいことをして、周りがやらないと、なんでイヤになるのでしょう？
わかりますか？
人と同じことをやっていれば、人と同じ人生なんです。
人と違うことをやるから、楽しいんです。
楽しいことには、必ず困難がつきまといます。
富士山に行って、ご来光をあおぐと感激します。
何で感激するのかと言うと、富士山のふもとから一生懸命登ったからです。

富士山の朝日だって、ただの朝日です。

どこで見たって、同じ朝日なんです。

ところが一生懸命上がって、出てきたご来光を見ると、人は感激するんです。

それと同じで、みんなが否定的なことを言っている中で、一人で明るく生きるのは大変です。

でも大変だから、おもしろいんです。

大変だからこそ、やりがいがあるんです。

大変なことを勝ち取ったときに喜びがある

オリンピックだって、昔、ギリシャでやっていたときには、月桂樹《げっけいじゅ》の葉っぱの冠《かんむり》をくれるだけでした。月桂樹って、その辺にいくらでも生えている葉っぱです。なにも、特別な葉っぱではありません

だけど戦って、勝ち取ったからこそ、とびきりうれしい冠になるのです。

いまは金メダルになりましたが、金メダルだってそうです。

金メダルは、金メッキです。

とびきり高価なものでもないのです。

選手をオリンピックの現地に行かせる旅費のほうが高いくらいです（笑）。

だから、お金のことだけで見れば、選手をオリンピックに行かせないで、金メダルを全員にあげちゃったほうが安いんです。

だけどオリンピックに出て、いろいろな国の選手と戦って、やっと勝ち取ったときに金メダルをもらうと、とてつもない喜びがあるんです。

「困難だから大変」ではないんです。

困難があるから、おもしろいんです。

そういうものなんです。

オリンピックだろうが、高校野球だろうが何だろうが、困難を乗り越えて勝ち取るから、涙が出るほど嬉しいんです。

最初から配られている幸せとか、与えられた幸せは、あなたを全部うらぎります。

でも、自分で勝ち取った幸せは、絶対にあなたのことをうらぎりません。

だから「人に幸せにしてもらおう」と期待しても、絶対に無理なんです。

この世の幸せとは、そういう構造になっていないんです。

幸せになりたかったら、自分が「幸せ配達人」になればいい。

そしたら、イヤでも幸せになるんです。

「上気元」をまいている人間には「上気元な出来事」が起こる

みんなが集まって楽しく話しているときに、機嫌の悪いヤツが一人入ってきてブスっとしていると、「あの人、そのうち怒り出すんじゃないか……」って思って、みんなが不安になって、不機嫌になります。

そう、不機嫌って移るんですよ。

でもね、覚えておいてほしいのは、不機嫌の種をまいたら、それを自分で刈り取るときが必ずくるんです。

麦をまいたら、麦を刈り取るように、じゃがいもをまいたら、じゃがいもを収穫するように……。

自分がまいたものを、必ず自分で刈り取らなきゃならないときがくる。

「上気元」をいつもまいてる人間には、「上気元なこと」が必ず起こるんです。

これが「上気元の奇跡」なんです。

私は「上気元の奇跡」をずっと起こしてきたんです。

生涯納税額日本一になれたのも、いつも「上気元」でいたから、「上気元の奇跡」が起きたんだと思うんです。
私は、これからもずっと「上気元」でいます。
このことを知ってしまうと、もったいなくて、もう不機嫌にはなれません。

どんな修行よりいいのは「上気元の修行」

一人さんの仲間は、みんなで「上気元の修行」をしてるんです。

この「上気元の修行」は、やりはじめると、すごく楽しいんです。

「上気元の修行」は、特別なところに行かなくても、今日からすぐにできます。

世間で言われる「修行」には、いろいろな修行があると思います。

たとえば、山の中に入って行って滝に打たれるのも修行だし、お寺で座禅を組むのも修行ですよね。

でも、どんな修行よりもいいのは「上気元の修行」だと私は思っています。

滝に打たれたり、座禅を組んだりして、「オレは悟りを開いた」と言っていても、普段の生活で不機嫌にしていてブスッとしていたら……。

それってホントに「悟りを開いた」ということになるのでしょうか？

本当の悟りとは、「上気元で生きる」ということなんです。

だから、「上気元の修行」は、最高の修行です。

何があっても、「上気元」を貫き通すんです。

一人さんとお弟子さんたちは、そういう修行をしているのです。

例えば、お弟子さんたちと青森へ旅行に行ったとき、旅館に泊ったら、ものすごく重い布団が出てきたんです。布団の綿が固まっちゃっているみたいで、薄っぺらい布団なのにものすごく重い（笑）。

ホントに、コンクリートじゃないかと思うほど重いの（大笑）。

そういうときに「なんですか、この布団は！」って、旅館の人に文句を言う人がいるかもしれない。

「もうこんな旅館はこないぞ！」って、怒りだす人もいるかもしれない。

でも、一人さんたちはみんなで「この布団一枚で、一〇枚分のお楽しみがありますね」って言って、笑いあったの（笑）。

それで、誰の布団が一番重いかとか、みんなで競争して、また笑いあったの（笑）。

おかげで、すごく楽しい思い出になった。

布団が重いくらいで「上気元」を崩しちゃいけないんです。

これは、いつも「上気元」でいる戦いなんです。

一人さんは「上気元」でいることが習い性になっちゃってるから、ちょっとやそっとのことじゃ、上気元は崩れません。

この「上気元の修行」は、やってみるとホントに楽しい。

「上気元」で生きることに慣れると、もったいなくて、不機嫌ではいられなくなるんです。

不機嫌で過ごす一時間がもったいない。

不機嫌で過ごす一日がもったいない。

不機嫌で生きていることが、もったいないんです。

もし感情のままに生きていたら、「一日中、上気元の日」

なんて、一年のうち、一日ぐらいしかないかもしれません。

でも意図的に心を「上気元」に向けていると、三六五日、毎日が上気元でいられるんです。

「上気元」で過ごす一年は、一〇年分も二〇年分も楽しいんです。

「上気元」は太陽と同じ闇を照らす光になる

いま世間では、心を暗くさせるような出来事もいっぱいあります。

でも「上気元」でいるかぎり、あなたの人生はますます明るくなる一方です。

「闇」と「光」が戦ったら、必ず「光」が勝つんです。

なぜかっていうと、お日様が出てきたら、闇は一瞬で消えてしまいます。

お日様より強い闇なんていうのは、ないんです。

「上気元」っていうのは、太陽と同じなんです。

どんなに周りが暗くなっても、自分がどのくらい「上気元」でいられるか。

　自分が闇を照らす太陽になれるか。

　それにかかっているんです。

　あなたが「上気元」でいると、それは周りの人に、どんどん伝染していきます。

　あなたを中心として、あなたの周りが、どんどんどんどん明るくなっていくんです。

　天から見たときに、「なんじゃ、あの光は？」「あそこだけ、なんであんなに光ってるんだ？」って言うくらい、あなたの周りが光り輝くんです。

そうなったとき、あなたにとんでもない奇跡が起こります。

あなたが想像していなかったような、ものすごいことが起こるのです。

幸せになりたかったら、まず自分が「上気元」でいてください。

その「上気元」をずっと持続してください。

不幸な出来事が起きても、それをすべて「上気元」に変えてください。

周りの人の不幸も、自分のところで跳ね返して、周りに上気元を伝染させてください。

そうなったとき……、あなたに「上気元の奇跡」が降るようにやってくる。

これこそが、一人さんが体験した「上気元の奇跡」なのです。

終わり

さいとうひとり公式ブログ

http://saitou-hitori.jugem.jp/
一人さんが毎日、あなたのために、
ついてる言葉を日替わりで載せてくれています。
ときには一人さんからのメッセージもありますので、
ぜひ、遊びに来てください。

お弟子さんたちの楽しい会

◆斎藤一人 一番弟子——柴村恵美子
恵美子社長のブログ
http://ameblo.jp/tuiteru-emiko/
恵美子社長のツイッター
http://twitter.com/shibamura_emiko
PCサイト　http://shibamuraemiko.com/

◆斎藤一人　ふとどきふらちな女神さま
——舛岡はなゑ
http://ameblo.jp/tsuki-4978/

◆斎藤一人　みっちゃん先生公式ブログ
——みっちゃん先生
http://mitchansensei.jugem.jp/

◆斎藤一人　芸能人より目立つ!!
365日モテモテ♡コーディネート♪——宮本真由美
http://ameblo.jp/mm4900/

◆斎藤一人　おもしろおかしく♪だから仲良く☆
——千葉純一
http://ameblo.jp/chiba4900/

◆斎藤一人　のぶちゃんの絵日記
——宇野信行
http://ameblo.jp/nobuyuki4499/

◆斎藤一人　感謝のブログ　4匹の猫と友に
——遠藤忠夫
http://ameblo.jp/ukon-azuki/

◆斎藤一人　今日一日、奉仕のつもりで働く会
——芦川勝代
http://www.maachan.com/

４９《よく》なる参りのすすめ

４９なる参りとは、指定した４カ所を９回お参りすることです。お参りできる時間は朝10時から夕方５時までです。

◎１カ所目……ひとりさんファンクラブ　五社参り
◎２カ所目……たかつりえカウンセリングルーム　千手観音参り
◎３カ所目……オフィスはなゑ　七福神参り
◎４カ所目……新小岩香取神社と玉垣参り
（玉垣とは神社の周りの垣のことです）

ひとりさんファンクラブで４９なる参りのカードと地図を無料でもらえます。お参りすると１カ所につきハンコを１つ押してもらえます（無料）。

※新小岩香取神社ではハンコはご用意していませんので、お参りが終わったらひとりさんファンクラブで「ひとり」のハンコを押してもらってくださいね!!

ひとりさんファンクラブ

住　所：〒124-0024　東京都葛飾区新小岩 1-54-5
ルミエール商店街アーケード内
営　業：朝10時～夜7時まで。
年中無休電話：03-3654-4949

各地のひとりさんスポット

ひとりさん観音：瑞宝山　総林寺
住　所：北海道河東郡上士幌町字上士幌東4線247番地
電　話：01564-2-2523

ついてる鳥居：最上三十三観音第二番　山寺千手院
住　所：山形県山形市大字山寺4753
電　話：023-695-2845

観音様までの楽しいマップ

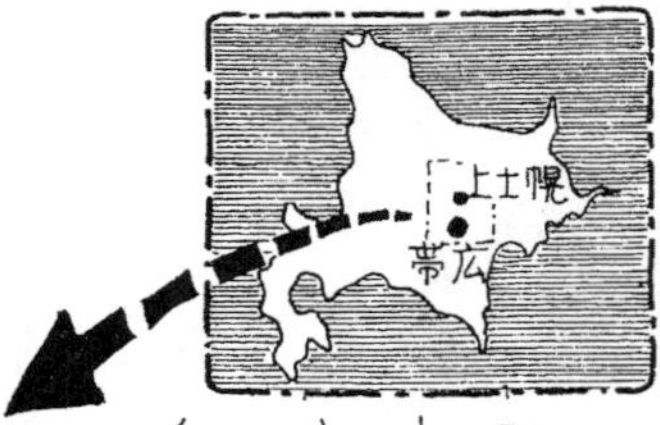

① 愛国←→幸福駅

『愛の国から幸福へ』この切符を手にすると幸せを手にするといわれスゴイ人気です。ここでとれるじゃがいも野菜・etcは幸せを呼ぶ食物かも!特にとうもろこしのとれる季節には、もぎたてをその場で茹でて売っていることもあり、あまりのおいしさに幸せを感じちゃいます。

② 十勝ワイン（池田駅）

ひとりさんは、ワイン通といわれています。そのひとりさんが大好きな十勝ワインを売っている十勝ワイン城があります

★十勝はあずきが有名で『赤い宝石』と呼ばれています。

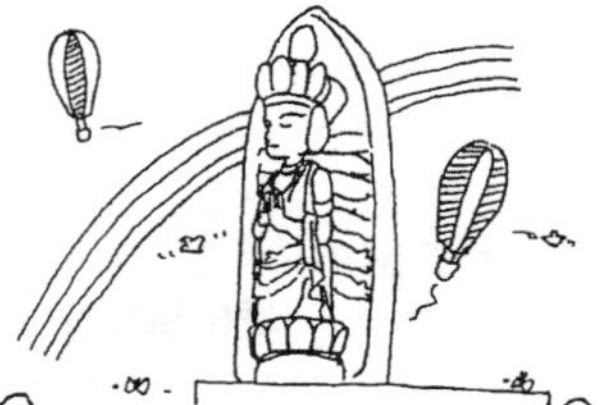

★ 観音様

ひとりさんの寄付により、夜になるとライトアップして、観音様がオレンジ色に浮かびあがり、幻想的です。

この観音様は、一人さんの弟子の1人である柴村恵美子さんが建立しました。

③ 上士幌

上士幌町は柴村恵美子が生まれた町。そしてバルーンの町で有名です。8月上旬になると、全国からバルーンミストが大集合。様々な競技に腕を競い合います。体験試乗もできます。ひとりさんが安全に楽しく気球に乗れるようにと願いを込めて観音様の手に気球をのせています。

④ ナイタイ高原

ナイタイ高原は、日本一広く大きい牧場です。牛や馬、そして羊もたくさんいちゃうのヨ。そこから見渡す景色は雄大で感動!!の一言です。ひとりさんも好きなこの場所は行ってみる価置あり。

牧場の一番てっぺんにはロッジがあります(レストラン有)。そこで、ジンギスカン焼肉・バーベキューをしながらビールを飲むとオイシイヨ!とってもハッピーになれちゃいます。それにソフトクリームがメチャオイシイ。2ケはいけちゃいますヨ。

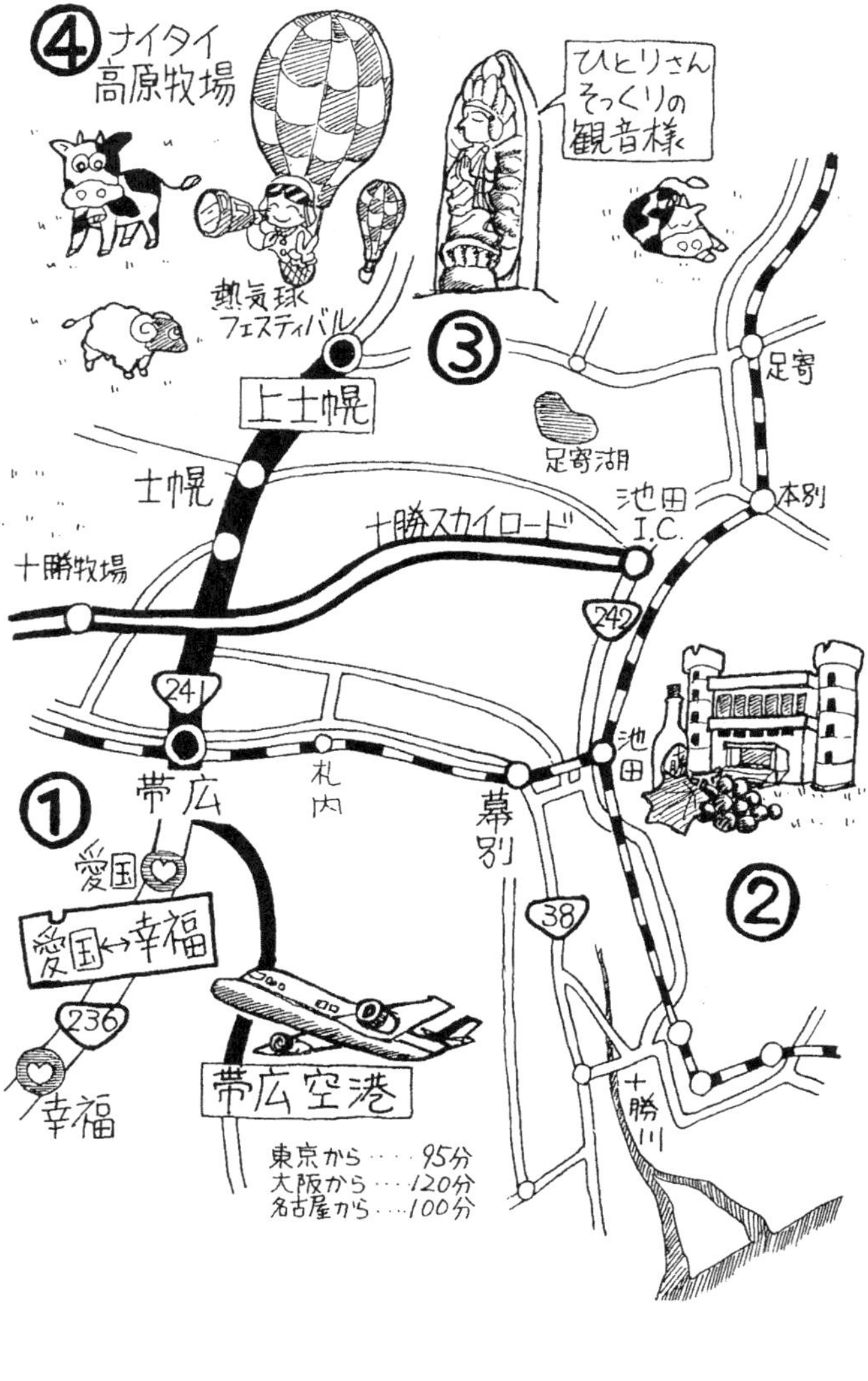

④ナイタイ高原牧場
熱気球フェスティバル
ひとりさんそっくりの観音様
③
上士幌
足寄
足寄湖
士幌
池田I.C.
本別
十勝スカイロード
十勝牧場
242
241
池田
帯広
札内
幕別
①
愛国
愛国↔幸福
②
38
236
幸福
帯広空港
十勝川
東京から……95分
大阪から……120分
名古屋から……100分

斎藤一人さんのプロフィール

東京都生まれ。実業家・著述家。ダイエット食品「スリムドカン」などのヒット商品で知られる化粧品・健康食品会社「銀座まるかん」の創設者。1993年以来、全国高額納税者番付12年間連続6位以内にランクインし、2003年には日本一になる。土地売買や株式公開などによる高額納税者が多い中、事業所得だけで多額の納税をしている人物として注目を集めた。高額納税者の発表が取りやめになった今でも、着実に業績を上げている。また、著述家としても「心の楽しさと経済的豊かさを両立させる」ための本を多数出版している。『変な人の書いた世の中のしくみ』『眼力』（ともにサンマーク出版）、『強運』『人生に成功したい人が読む本』（ともにPHP研究所）、『幸せの道』（ロングセラーズ）など著書は多数。

1993年分——第4位	1999年分——第5位
1994年分——第5位	2000年分——第5位
1995年分——第3位	2001年分——第6位
1996年分——第3位	2002年分——第2位
1997年分——第1位	2003年分——第1位
1998年分——第3位	2004年分——第4位

〈編集部注〉

読者の皆さまから、「一人さんの手がけた商品を取り扱いたいが、どこに資料請求していいかわかりません」という問合せが多数寄せられていますので、以下の資料請求先をお知らせしておきます。

フリーダイヤル 0120-497-285

本書は平成二四年三月に弊社で出版した
書籍を新書判として改訂したものです。

すべてがうまくいく
上気元の魔法

著　者　　斎 藤 一 人
発行者　　真船美保子
発行所　　KK ロングセラーズ
東京都新宿区高田馬場 2-1-2　〒 169-0075
電話（03）3204-5161(代)　振替 00120-7-145737
http://www.kklong.co.jp
印　刷　　大日本印刷(株)　製　本　(株)難波製本

落丁・乱丁はお取り替えいたします。
※定価と発行日はカバーに表示してあります。
ISBN978-4-8454-5050-3　C0230　Printed In Japan 2018